www.ingramcontent.com/pod-product-compliance
Lightning Source LLC
LaVergne TN
LVHW072000060526
838200LV00010B/244

اولین دیکشنری تصویری
حیوانات

First Picture Dictionary
Animals

پروانه
Butterfly

روباه
Fox

خوک
Pig

خرگوش
Rabbit

تصویرگر: آنا ایوانیر

www.kidkiddos.com
Copyright ©2025 by KidKiddos Books Ltd.
support@kidkiddos.com

All rights reserved. No part of this book may be reproduced in any form or by any electronic or mechanical means, including information storage and retrieval systems, without written permission from the publisher, except in the case of a reviewer, who may quote brief passages embodied in critical articles or in a review.
First edition, 2025

Library and Archives Canada Cataloguing in Publication
First Picture Dictionary - Animals (Farsi English Bilingual edition)
ISBN: 978-1-83416-426-7 paperback
ISBN: 978-1-83416-427-4 hardcover
ISBN: 978-1-83416-425-0 eBook

گوزن شمالی
Moose

گرگ
Wolf

✦گوزن شمالی شناگر خوبی است و می‌تواند برای خوردن گیاهان زیر آب برود!

✦A moose is a great swimmer and can dive underwater to eat plants!

سنجاب
Squirrel

✦سنجاب برای زمستان آجیل پنهان می‌کند، اما گاهی فراموش می‌کند کجا گذاشته است!

✦A squirrel hides nuts for winter, but sometimes forgets where it put them!

کوالا
Koala

گوریل
Gorilla

حیوانات وحشی
Wild Animals

اسب آبی
Hippopotamus

پاندا
Panda

روباه
Fox

کرگدن
Rhino

گوزن
Deer

ماهی قرمز
Goldfish

سگ
Dog

✦ بعضی از طوطی‌ها می‌توانند کلمات را تقلید کنند و حتی مثل انسان بخندند!

✦ *Some parrots can copy words and even laugh like a human!*

گربه
Cat

طوطی
Parrot

حیوانات خانگی
Pets

قناری
Canary

◆ قورباغه می‌تواند از طریق پوست و ریه‌هایش نفس بکشد!
◆ *A frog can breathe through its skin as well as its lungs!*

خوکچه هندی
Guinea Pig

قورباغه
Frog

همستر
Hamster

حیوانات کوچک
Small Animals

آفتاب‌پرست
Chameleon

عنکبوت
Spider

✦ شترمرغ بزرگ‌ترین پرنده است، اما نمی‌تواند پرواز کند!
✦ *An ostrich is the biggest bird, but it cannot fly!*

زنبور
Bee

✦ حلزون خانه‌اش را روی پشتش حمل می‌کند و خیلی آهسته حرکت می‌کند.
✦ *A snail carries its home on its back and moves very slowly.*

حلزون
Snail

موش
Mouse

حیوانات آرام
Quiet Animals

لاک‌پشت
Turtle

کفشدوزک
Ladybug

✦ لاک‌پشت هم در خشکی و هم در آب زندگی می‌کند!

✦ *A turtle can live both on land and in water.*

ماهی
Fish

مارمولک
Lizard

جغد
Owl

خفاش
Bat

◆ جغد در شب شکار می‌کند و با شنوایی‌اش غذا پیدا می‌کند!
◆ *An owl hunts at night and uses its hearing to find food!*

◆ کرم شب‌تاب در شب می‌درخشد تا کرم‌های دیگر را پیدا کند.
◆ *A firefly glows at night to find other fireflies.*

راکون
Raccoon

رتیل
Tarantula

حیوانات رنگارنگ
Colorful Animals

فلامینگو صورتی است
A flamingo is pink

جغد قهوه‌ای است
An owl is brown

قو سفید است
A swan is white

اختاپوس بنفش است
An octopus is purple

قورباغه سبز است
A frog is green

✦ قورباغه سبز است، پس می‌تواند بین برگ‌ها پنهان شود.
✦ *A frog is green, so it can hide among the leaves.*

پروانه و کرم ابریشم
Butterfly and Caterpillar

گوسفند و بره
Sheep and Lamb

اسب و کره اسب
Horse and Foal

خوک و بچه خوک
Pig and Piglet

بز و بزغاله
Goat and Kid

حیوانات و بچه‌هایشان
Animals and Their Babies

گاو و گوساله
Cow and Calf

گربه و بچه‌گربه
Cat and Kitten

✦ جوجه حتی قبل از بیرون آمدن از تخم با مادرش صحبت می‌کند.
✦ A chick talks to its mother even before it hatches.

مرغ و جوجه
Chicken and Chick

سگ و توله‌سگ
Dog and Puppy